AF644060

DARAUS KANN ICH WAS BASTELN

KREATIVE IDEEN FÜR PAPPKARTONS

James Maclaine

Illustrationen:
Harriet Noble und Erin Wallace

Gestaltung:
Jenny Offley, Jodie Smith
und Helen Cooke

INHALT

Welches Projekt wirst du zuerst in Angriff nehmen?

Auf den Seiten 10–11 erfährst du, wie du mich bastelst.

Zusätzliche Gestaltung:
Carly Davies, Kate Rimmer und Jenny Hilborne
Digitale Bildbearbeitung: John Russell
Gestaltung der Reihe: Stephen Moncrieff

BASTELN MIT KARTONS
GRUNDLAGEN

Mit diesen Tipps und Tricks kannst du die Bastelideen in diesem Buch ganz einfach umsetzen.

KARTONARTEN

Die Pappe, aus der Kartons hergestellt sind, kann verschiedene Stärken haben.

DÜNNE Pappe lässt sich leichter falten.

Wellpappe ist **DICK**. Sie besteht aus mehreren Lagen – in der Mitte ist welliger Karton.

Mit Filzstiften kannst du nicht gut auf Schachteln mit beschichteten Oberflächen schreiben.

Auf der angerauten Rückseite kannst du gut schreiben.

KLAPPEN

Die meisten Kartons haben oben und unten Klappen.

Manche haben vier Klappen ...

... andere zwei kleine Seitenklappen und einen Deckel.

Du kannst einen Karton zu einer **FLÄCHE** auseinanderfalten:

1 Öffne alle Klappen.

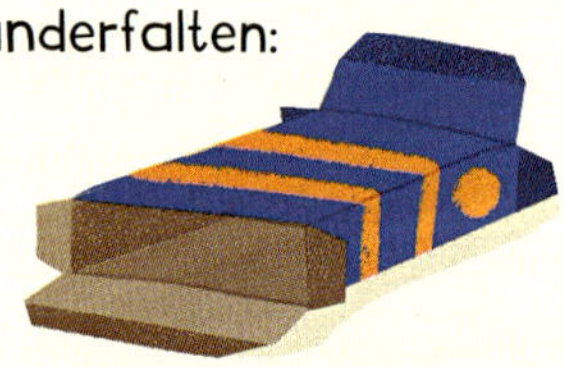

2 Schneide den Karton an einer Seite auf, um ihn zu öffnen.

Das funktioniert bei Kartons aller Größen.

DURCHPAUSEN

Auf einigen Seiten gibt es Bilder zum Durchpausen. Wenn du kein Pauspapier hast, kannst du auch Backpapier oder sehr dünnes weißes Papier verwenden.

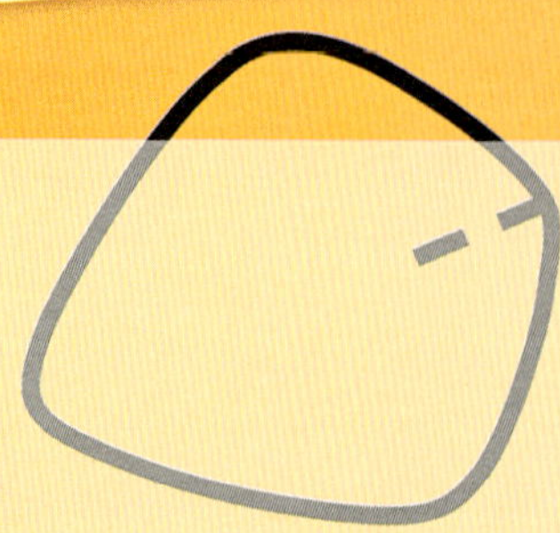

WACHSMALSTIFTE UND WASSERFARBE

Lege einen Wachsmalstift auf Wellpappe und reibe ihn fest darüber. Was passiert?

Die wellige Pappe im Inneren des Kartons erzeugt ein gestreiftes Muster.

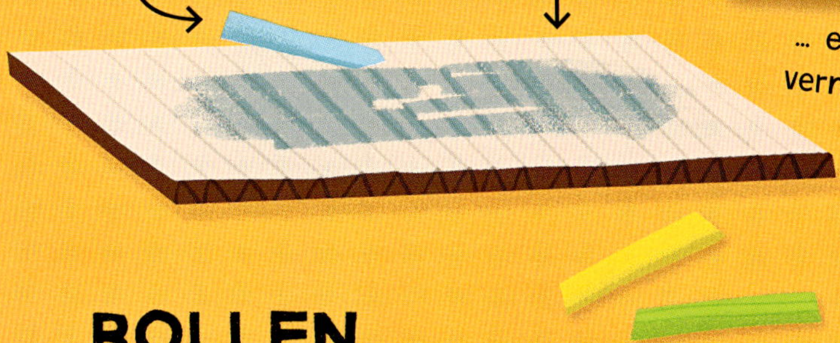

Wenn du Kartons anmalst, musst du warten, bis die Farbe getrocknet ist, bevor du die nächste Schicht aufträgst …

… es sei denn, du möchtest, dass die Farben sich vermischen. Das kann auch interessant aussehen!

ROLLEN

So schneidest du Stücke von Papprollen gerade ab:

1 Wickle Klebeband um die Rolle.

2 Schneide die Rolle, bis zum äußeren Rand des Klebebands ein.

3 Schneide dann am Rand des Klebebands entlang.

PAPP-SCHNIPSEL

RECYCLE alle Pappschnipsel, die übrig bleiben, oder **VERWENDE** sie weiter:

Streifen als Lesezeichen

längliche Stücke mit glatter Oberfläche zum Auftragen von Klebstoff

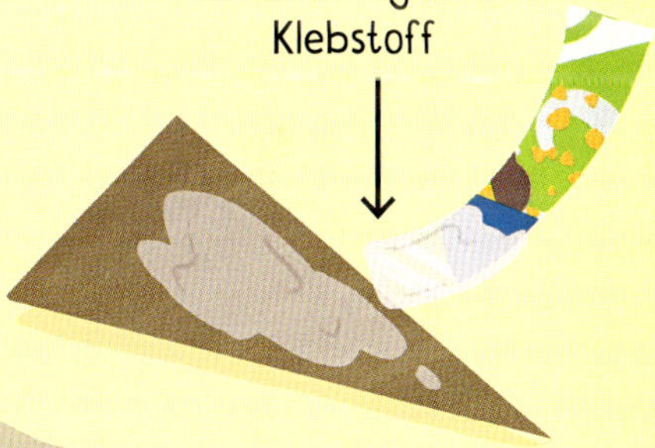

Eierschachteln zum Mischen von Farben

als Schmierpapier für Notizen und Gekritzel

TASCHENTUCHBOX-MONSTER

Auf den ersten Blick ist eine leere Taschentuchbox nichts weiter als eine Schachtel mit einem Loch. Aber stell dir mal vor, die Öffnung wäre …

… DAS RIESIGE MAUL EINES MONSTERS!

Wenn sich an der Öffnung Plastikfolie befindet, schneide sie zuerst ab.

Schneide nun Formen für verschiedene Monsterteile aus Papier aus und klebe sie auf die Box.

Wie wäre es mit **PUNKTEN?**

Nimm gelbes Papier, falls dein Monster seine Zähne nicht geputzt hat.

ZÄHNE

Rechtecke können stumpfe Zähne sein.

Lange Dreiecke sind Reißzähne.

Klebe die Zähne von innen an die Öffnung.

AUGEN

Schneide Ovale und Kreise.

Klebe sie der Größe nach aufeinander.

HÖRNER

Falte den unteren Rand der Hörner nach hinten, damit du sie auf die Box kleben kannst. Die Hörner sollten nach oben stehen.

Bastle ein Monster mit **STREIFEN**.

Breite Taschentuchboxen sind ideal für **GROSSE MONSTER**.

ZIELEN …

Dieses Spiel kannst du mit deinem Monster spielen.

1 Zerknülle kleine Papierstücke …

2 … und versuche, sie in das Maul des Monsters zu werfen.

3 Gehe nach jedem Treffer einen Schritt zurück. Triffst du immer noch?

MUSEUM AUS KARTON

Verwandle einen großen Karton in ein Museum, in dem du deine Sammlungen ausstellen kannst.

1 Stelle einen Karton auf seine schmale Seite.

Öffne die Klappen.

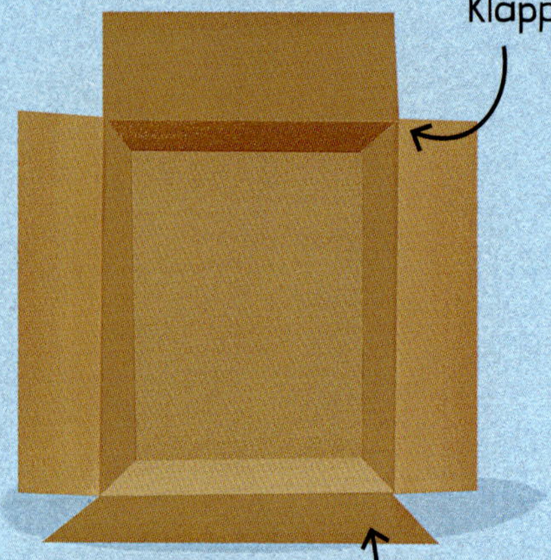

Schneide diese Klappe ab.

2 Zeichne auf dieser Klappe einen Halbkreis als Dach. Schneide entlang des Bogens.

3 Zeichne Schilder und Fenster und schneide sie aus. Klebe sie in den Karton.

4 Nun kannst du Dinge ausstellen, die du gesammelt oder gebastelt hast!

AUSSTELLUNGSIDEEN

Präsentiere Gegenstände auf kleinen Schachteln.

Suche Pappbehälter mit ungewöhnlicher Form. Sie sind deine Sockel.

Für eine Vitrine schneide die Klappen von einer kleinen Schachtel ab.

MUSEUM FÜR NEUGIERIGE

Hänge ein Modellflugzeug mit Schnur und Klebeband an die Decke.

Zeichne Muster auf Pappe und klebe sie an die Museumswände.

Lehne einen Dinosaurier wie mich an die hintere Wand.

Klebe eine kleine Schachtel in eine Ecke. Male sie und die Innenseiten des großen Kartons weiß an.

Klebe als Absperrung ein kurzes Stück Faden zwischen zwei Schachteln.

ZUSAMMENSTECK-STEGOSAURUS

Mit den Vorlagen auf diesen Seiten kannst du einen Stegosaurus aus Pappe basteln, der alleine stehen kann.

1 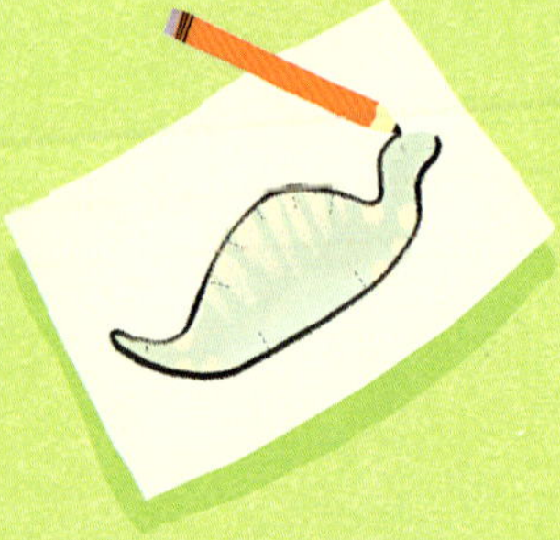

Lege Pauspapier über alle Vorlagen. Zeichne mit einem Bleistift entlang der schwarzen Linien, die durchscheinen.

2 

Drehe das Papier um und lege es auf ein Stück Pappe. Zeichne entlang der Linien und drücke fest mit dem Bleistift auf.

3 

Die Abdrücke der Bleistiftlinien sollten auf der Pappe zu sehen sein. Schneide die Formen aus.

4 

Schneide an den gestrichelten Linien Schlitze in die Formen.

5 

Stecke die Beine an den Körper, die Platten an den Rücken und die Stacheln ans Schwanzende.

VORLAGEN

BEINE

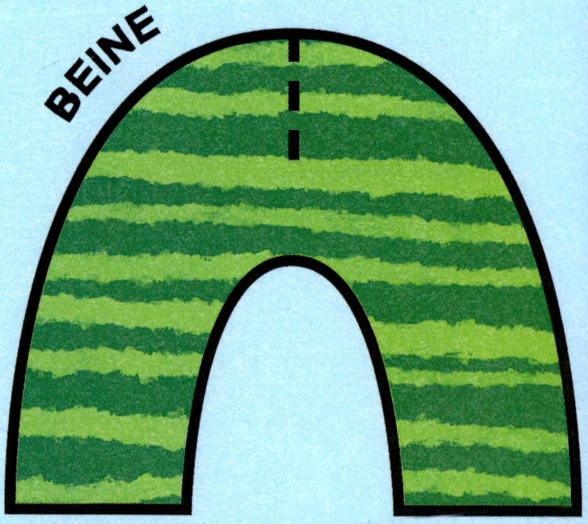

Schneide Schlitze in solche Formen aus Pappe, um Blätter für deinen Stegosaurus anzufertigen.

Mit Filz-, Bunt- oder Wachsmalstiften kannst du die Teile verzieren, bevor du sie zusammensteckst.

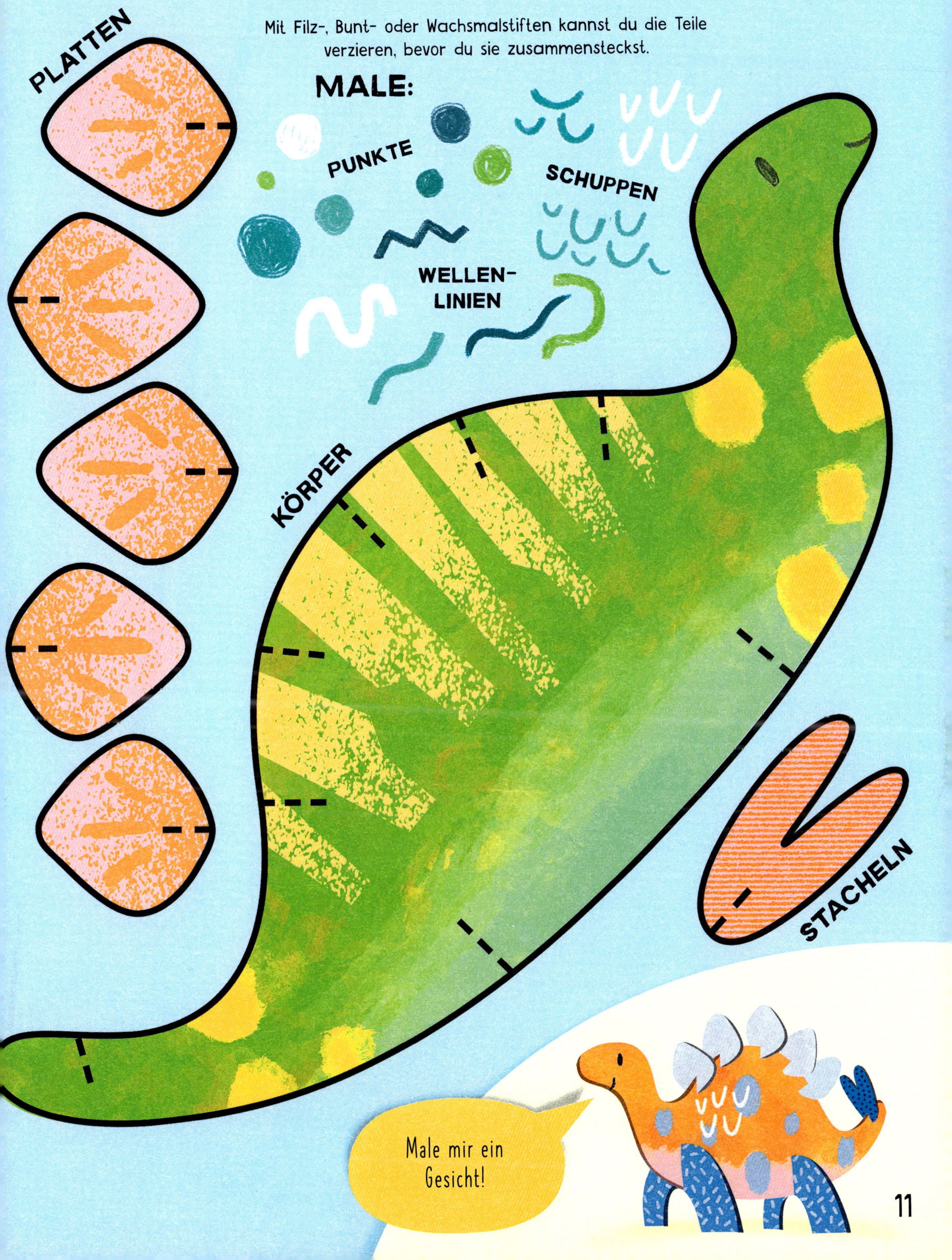

TUKAN-KALENDER

Wenn du das nächste Mal eine neue Tube Zahnpasta anbrichst, behalte die lange, schmale Schachtel, um diesen Kalender zu basteln. Du kannst ihn ewig verwenden, und er hat sogar ein Fach für deine Stifte.

Du kannst auch deinen Namen vorn draufschreiben.

MACHE AUS EINER SCHACHTEL ZWEI.

1 Öffne die Klappen an beiden Seiten der Schachtel und drücke die Schachtel flach.

2 Zeichne mit einem Lineal eine Linie, 4 cm von den Klappen entfernt. Schneide die Schachtel entlang der Linie durch.

Verwende dieses Stück für den nächsten Schritt.

Dieses Stück ist für Schritt 5.

3 Klebe die Klappen zusammen und stelle die Schachtel aufrecht hin.

Zeichne diese drei Linien darauf.

4 Drehe die Schachtel um und schneide entlang der Linien.

5 Nimm das übrige Stück von Schritt 2 und zeichne 8 cm von den Klappen entfernt eine Linie. Schneide entlang der Linie und klebe die Klappen wieder zusammen. Das ist die zweite Schachtel.

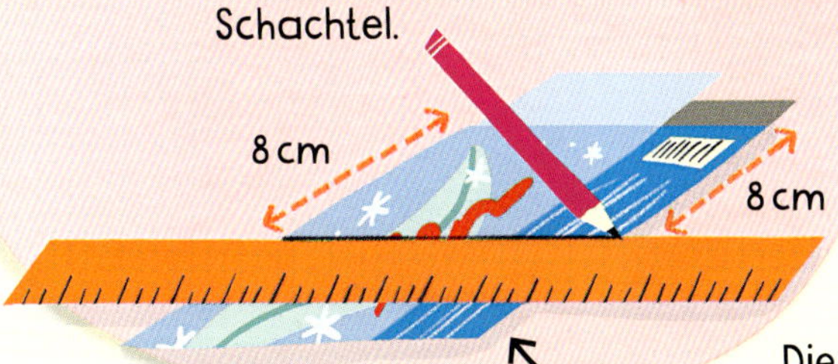

Dieses Stück ist für Schritt 7.

6 Klebe die beiden Schachteln mit Klebstoff aneinander.

7 Nimm das restliche Stück von Schritt 5 und schneide es an einer Kante auf.

Drücke es flach und schneide eine Seite ab.

Dieser Streifen ist für Schritt 8.

Dieses Stück ist für Schritt 9.

8 Klebe die Schachteln mitten auf den Pappstreifen.

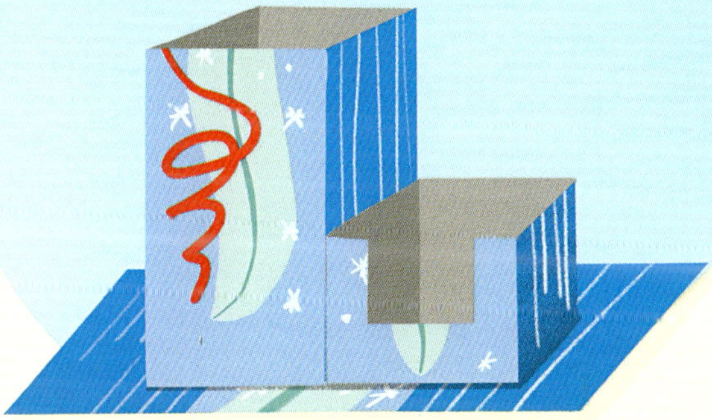

9 Zeichne einen Tukan auf die Rückseite des Pappstücks aus Schritt 7.

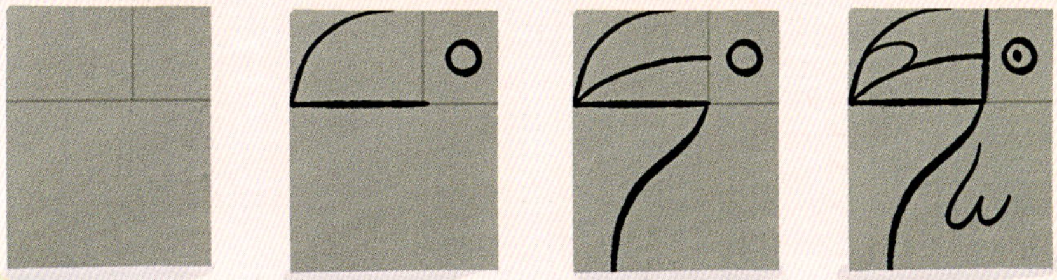

Schneide ihn aus und klebe ihn vorn auf die größere Schachtel.

BLÄTTERE UM ...

Bastle nun Karten mit dem Datum, Monat und Wochentag.

1 Markiere mit einem Lineal Punkte im Abstand von 4 cm in drei Reihen auf einem dicken Blatt Papier.

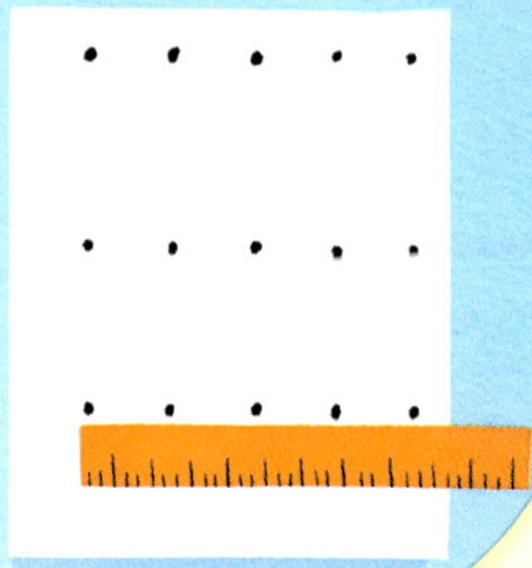

2 Verbinde die Punkte mit geraden Linien so wie hier.

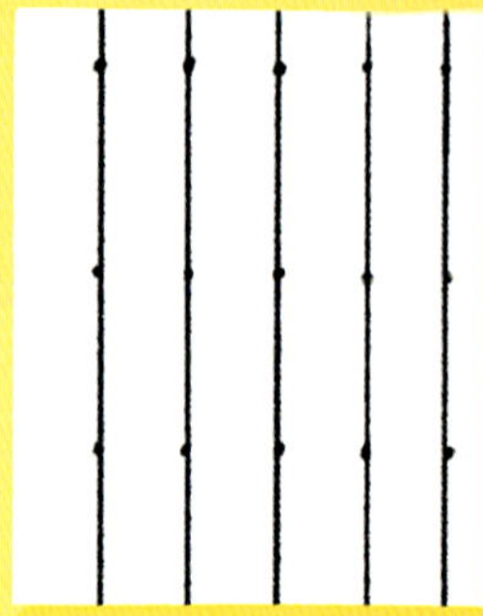

3 Zeichne Linien quer über das Papier: zuerst 8 cm über dem unteren Rand, dann 6,5 cm und dann jeweils 5 cm bis nach oben.

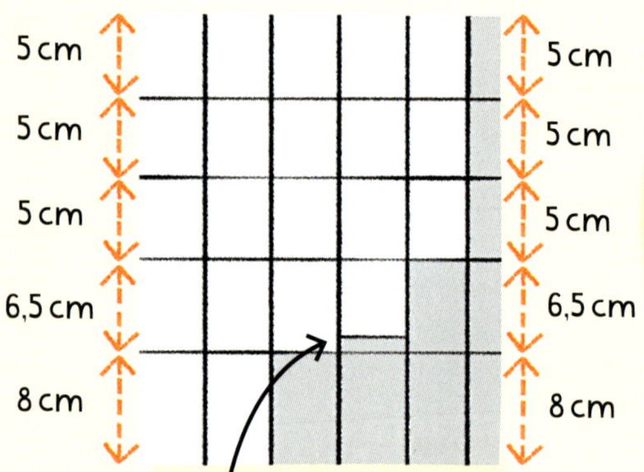

Zeichne hier eine Linie, um ein weiteres 5 cm hohes Rechteck zu erhalten.

4 Schneide entlang der Linien, um 16 kurze, 3 mittlere und 2 große Rechtecke zu erhalten.

5 Schreibe mit einem schwarzen Stift eine große **1** auf eines der KURZEN Rechtecke und eine große **2** auf die Rückseite. Schreibe die Zahlen **3** bis **31** genauso auf die restlichen.

6 Schreibe **JANUAR** oben auf das erste **MITTLERE** Rechteck. Dann drehe es herum und schreibe **FEBRUAR** darauf.

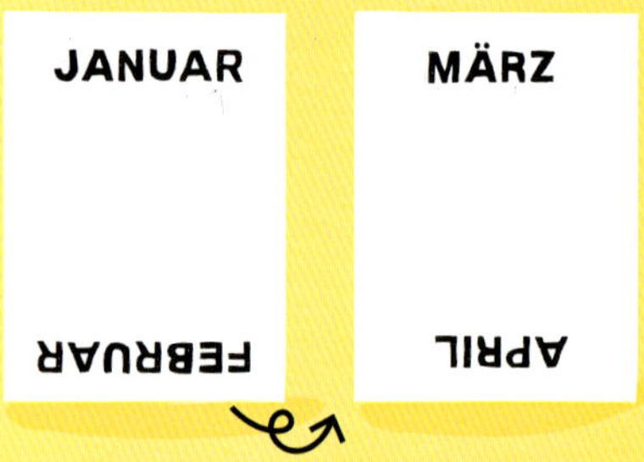

Schreibe auf die Rückseite **MÄRZ** und **APRIL** und auf die anderen zwei mittleren Rechtecke die restlichen Monate.

7 Schreibe auf die Vorderseite des **GROSSEN** Rechtecks **MONTAG** und **DIENSTAG** so wie hier.

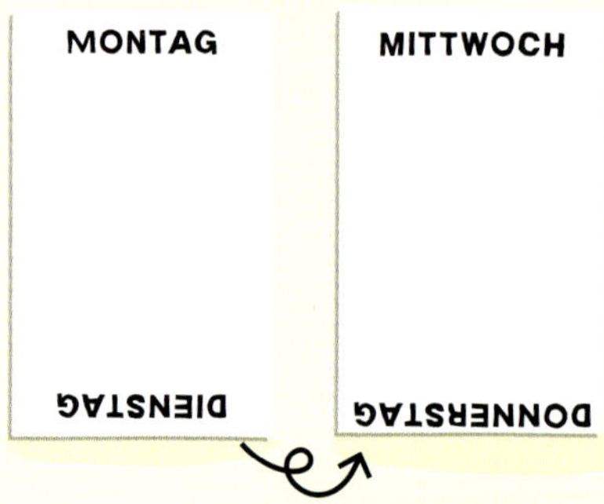

Schreibe dann **MITTWOCH** und **DONNERSTAG** auf die Rückseite. Die restlichen Wochentage schreibe auf das zweite große Rechteck.

8 Stelle alle Karten der Reihe nach in die kleine Schachtel. Wenn sich das Datum ändert, stecke die vorderen Karten jeweils in ihrem Stapel nach hinten.

KUGELLABYRINTH

Klebe verschiedene Dinge aus Pappe in einen großen Kartondeckel. Halte ihn **WAAGERECHT** und neige ihn dann ein bisschen, um die Kugel an den Hindernissen vorbei so schnell wie möglich ins Ziel zu bringen.

Zeichne einen Startpunkt und Pfeile ein, die die Richtung anzeigen.

PUFFER

Klebe Kreise und Dreiecke aus Pappe hinein, um den Weg der Kugel zu blockieren.

ZICKZACK-BAHN

Zeichne eine Zickzacklinie auf dicke Pappe und schneide entlang der Linie.

Klebe beide Teile mit etwas Abstand fest, sodass die Kugel gerade hindurchpasst.

TUNNEL

Schneide Papprollen in verschiedenen Längen als Tunnel zurecht.

Was könntest du statt Kugeln noch verwenden? Probiere Perlen, zusammengeknüllte Alufolie oder andere runde Dinge aus.

ZIEL

1 Schneide den Deckel einer kleinen Schachtel ab. Drehe sie um und zeichne einen Bogen, der etwas größer als die Kugel ist.

2 Schneide den Bogen aus. Dann schneide etwa 1,5 cm lange Schlitze an den vier Ecken der Schachtel.

3 Falte kleine Laschen wie im Bild und klebe die Schachtel auf das Ziel in deinem Labyrinth.

BUNTE PERLEN

Du kannst dir wahrscheinlich nicht vorstellen, eine Kette aus einer Cornflakes-Packung zu tragen ... **ABER** diese Packungen sind oft bunt bedruckt und perfekt geeignet, um farbenfrohe Perlen daraus zu basteln.

1 Schneide die Packung in lange, dünne Streifen.

2 Markiere an einem Ende die Mitte und ziehe zwei schräge Linien bis zu den Seiten.

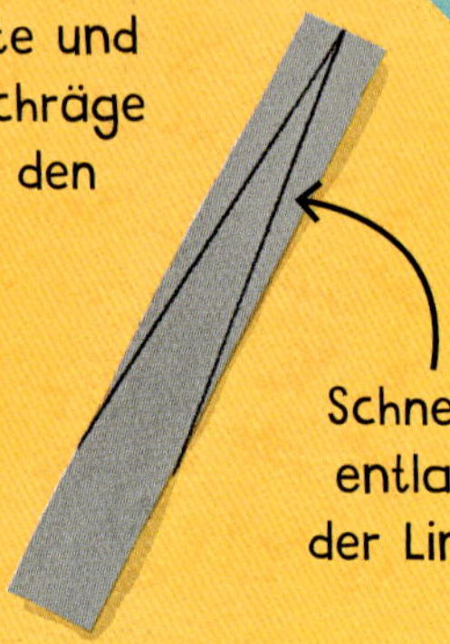

Schneide entlang der Linien.

3 Drehe den Streifen um und lege einen dünnen Pinsel an die Spitze. Halte den Pinsel gut fest.

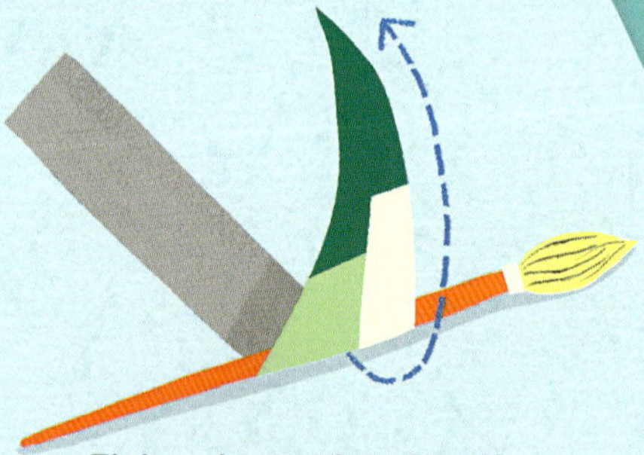

Ziehe dann den Streifen unter dem Pinsel hindurch nach oben. Wiederhole dies. (So wird es einfacher, die Pappe aufzurollen.)

4 Streiche Klebstoff auf den Streifen, aber spare den breiten unteren Teil aus.

5 Rolle das Ende ohne Klebstoff **FEST** um den Pinsel. Rolle weiter bis zur Spitze, um eine Perle zu formen.

6 Schiebe die Perle vom Pinsel und lasse sie trocknen.

Wenn das Ende nicht festklebt, streiche etwas Klebstoff darunter oder schneide es ab.

ROLLEN

Um einfache Perlen wie diese hier zu basteln, überspringe Schritt 2.

ARMBAND

Fädle viele Perlen auf einen Faden oder ein dünnes Band. Verknote die Enden.

SITZKISTE

Selbst große Pappkartons sind normalerweise nicht stabil genug, dass du darauf sitzen kannst. Hier sind zwei Tricks, wie du sie verstärken kannst.

TRICK 1: SPIRALFÖRMIGE STÜTZEN

1 Lege den Karton mit seiner größten Seite auf ein großes Stück Pappe. Zeichne um ihn herum.

2 Wiederhole Schritt 1 und schneide beide Rechtecke aus.

3 Rolle jedes Rechteck von der kurzen Seite her zu einer Spirale.

4 Öffne die vier oberen Klappen des Kartons und stelle die Spiralen hinein.

5 Schließe die zwei längeren Klappen und klebe sie mit Kreppband zusammen.

SETZE DICH AUF DIE KISTE.

Kann die Kiste dich tragen, auch wenn du die Füße vom Boden hebst?

Stelle weitere Pappspiralen in die Kiste.

Wird sie dadurch noch stabiler?

TRICK 2: STABILE KNICKE

1 Ziehe zunächst das alte Klebeband von einem großen Karton ab. Öffne alle Klappen oben und unten.

2 Drehe den Karton um und falte die oberen vier Klappen ganz nach innen.

3 Drehe den Karton wieder um. Falte die zwei großen Klappen nach innen und lasse die beiden anderen nach oben stehen.

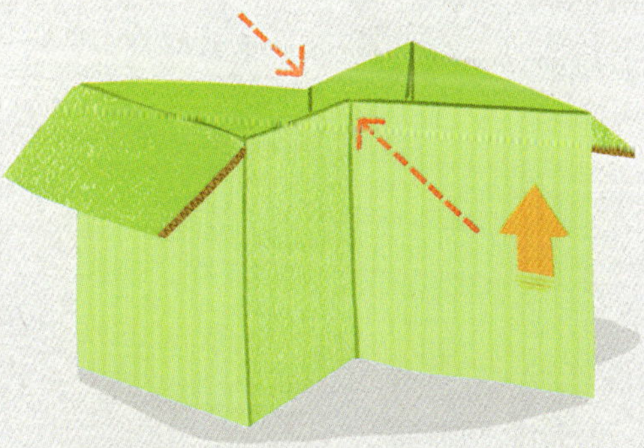

4 Drücke die zwei langen Seiten des Kartons mittig ein.

5 Schließe die restlichen Klappen und klebe sie mit Kreppband fest.

JETZT SETZE DICH AUF DIE KISTE.

Welcher Trick macht den Karton stabiler?

Gibt es noch andere Tricks, um Sitzgelegenheiten aus Kartons zu machen?

PUZZLE-SPIEL

Bastle aus einem Bild, das du gemalt, ausgedruckt oder in einer Zeitschrift gefunden hast, ein Puzzle.

1 Wähle ein Bild mit vielen Details.

2 Verteile Klebstoff auf der Rückseite, klebe es auf ein Stück Pappe und schneide es aus.

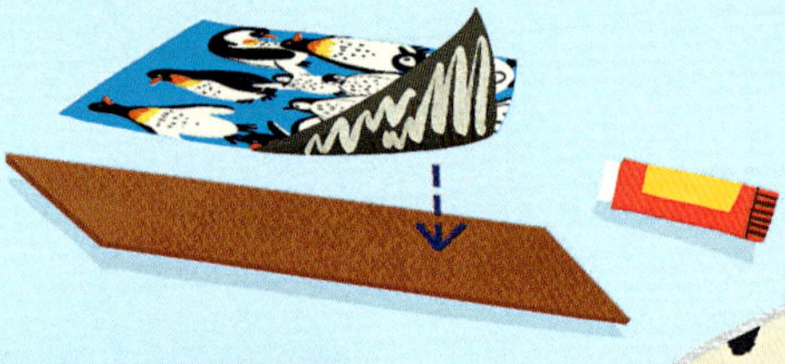

3 Lege mehrere schwere Bücher darauf, damit sich die Pappe beim Trocknen nicht wellt.

4 Zeichne einfache Formen auf die Rückseite, so wie hier.

5 Schneide die Teile aus und mische sie.

Wie schnell kannst du dein Bild zusammensetzen?

TOLLER RAHMEN

In diesem glitzernden Rahmen kannst du eines deiner Bilder wunderbar zur Geltung bringen. Du brauchst dafür ein sauberes Stück Alufolie, Pappe, Klebstoff und etwas Schnur.

1 Schneide zwei Quadrate oder Rechtecke aus Pappe aus, die so groß sind, wie dein Rahmen sein soll.

Lege dein Bild in die Mitte einer der Pappen und zeichne rundherum.

2 Entferne das Bild. Ziehe kurze Linien von den Ecken der Umrandung bis zu den Ecken der Pappe.

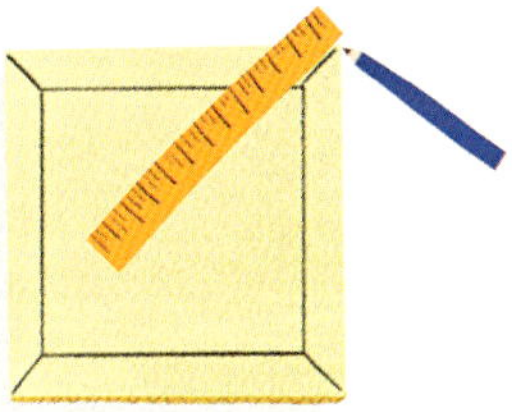

Schneide entlang aller Linien. Das Stück in der Mitte brauchst du nicht.

3 Klebe die Rahmenteile von Schritt 2 auf das andere Stück Pappe.

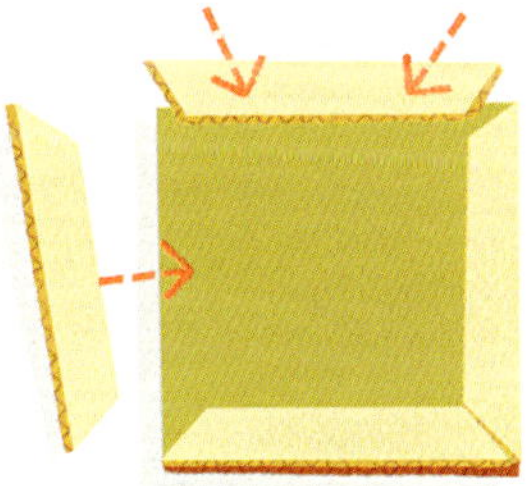

4 Klebe kurze Schnüre auf den Rahmen für ein Schlangenlinienmuster.

5 Streiche Klebstoff auf die Rückseite eines großen Stücks Alufolie und lege es auf den Rahmen.

Schlage den Rand der Alufolie vorsichtig um den Rahmen.

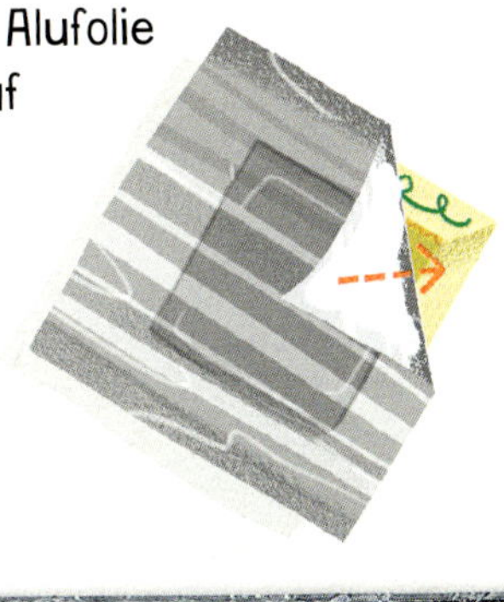

6 Reibe die Folie leicht mit deinen Fingerspitzen oder einem Pinsel, bis das Muster zu sehen ist.

Klebe dein Bild in die Mitte.

BEWAHRE COMICS SICHER AUF

Du kannst eine Müslipackung umgestalten und mit altem Geschenkpapier bekleben, um deine Comic-Sammlung, gemalte Bilder oder andere Dinge darin aufzubewahren.

PACKUNG UMGESTALTEN …

1 Schneide vorsichtig die Klappen am oberen Rand ab.

2 Markiere die Mitte der linken Packungsseite mit einem Punkt. Ziehe eine Linie von diesem Punkt zur oberen rechten Ecke.

3 Schneide entlang der Linie bis zu dem Punkt. Das Dreieck brauchst du im nächsten Schritt.

4 Lege das Dreieck auf die andere Seite der Packung und ziehe eine Linie.

5 Schneide entlang der Linie und der schmalen Packungsseite.

... UND BEKLEBEN

1 Drehe ein großes Stück gebrauchtes Geschenkpapier um. Klebe den Boden der Packung in der Mitte auf. Warte, bis der Klebstoff getrocknet ist.

2 Kippe die Packung auf ihre kleinste Seite und zeichne um die Ränder herum.

3 Kippe die Packung auf die anderen drei Seiten und zeichne um ihre Ränder herum.

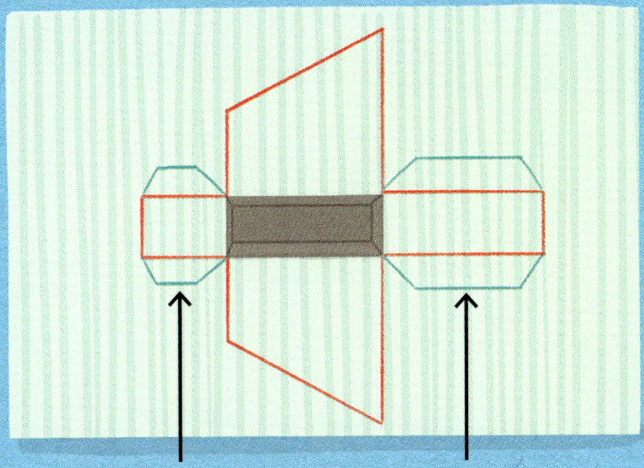

4 Zeichne mit einem Lineal vier Laschen (hier in Blau) an diese Seiten. Schneide den gesamten Umriss aus.

5 Klebe das Papier an die Packung, zuerst die kleineren Teile mit den Laschen, dann das restliche Geschenkpapier.

KLEBE SCHILDER DARAUF

Schneide Formen aus Papier oder Bilder aus Zeitschriften aus, um deine Schachtel zu verzieren.

MINIDORF

Möchtest du ein kleines Dorf aus Pappe bauen?
Auf den nächsten vier Seiten erhältst du Tipps, wie du Gebäude mit Dächern, Türen und Fenstern basteln kannst.

DÄCHER

Schneide alle oberen Klappen der Schachtel ab. Dann schneide entlang dieser roten Linien, um den gewünschten Giebel zu erhalten.

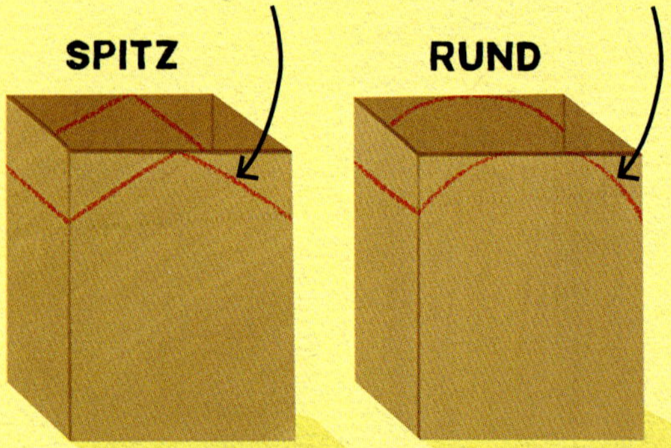

Falte oder biege einen dicken Papierstreifen über die Öffnung und klebe ihn an den Seiten fest. Das ist das Dach.

So machst du ein **KEGELFÖRMIGES** Dach:

Zeichne um eine Tasse oder Schüssel herum einen Kreis auf Papier.

Schneide den Kreis aus und dann bis zur Mitte ein.

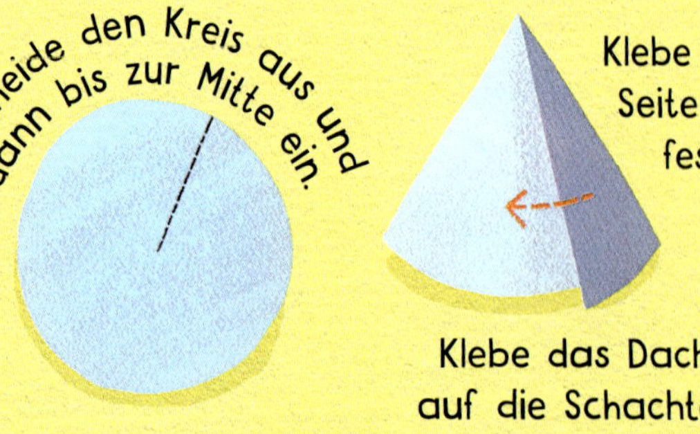

Klebe diese Seite hier fest.

Klebe das Dach auf die Schachtel.

Für **DACHZIEGEL** klebe Halbkreise aus Papier versetzt übereinander.

Richte die Klappen auf, sodass sie sich berühren. Das ist dein Schrägdach.

Klebe eine kleine Schachtel auf die große, um einen zweiten Stock zu bauen.

Für einen **LATTENZAUN** klebe spitz zulaufende Streifen aus weißem Papier auf waagrechte Streifen.

TÜREN

BOGENFÖRMIG

Schneide die oberen Klappen ab und drehe die Schachtel um.

Zeichne diese Linie auf die Vorderseite.

Schneide entlang der Linie und falte die Tür nach vorn.

FLÜGELTÜREN

Zeichne ein großes T und schneide entlang der Linien.

Dann falte beide Seiten nach vorn, um die Türen zu öffnen.

BLÄTTERE UM ...

viereckige **DACHZIEGEL**

Zeichne Zahlen und Zeiger auf dem **ZIFFERBLATT** mit Stift ein.

ZIEGELSTEINE kannst du mit einem rechteckigen Radiergummi, der in rote Farbe getaucht wurde, aufdrucken.

Bastle ein **LADENSCHILD** aus einem gefalteten Pappstreifen.

FENSTER

Übertrage eine dieser Fensterformen auf Papier und schneide sie aus.

Für Fensterläden lege deine Fensterform auf andersfarbiges Papier und zeichne um sie herum.

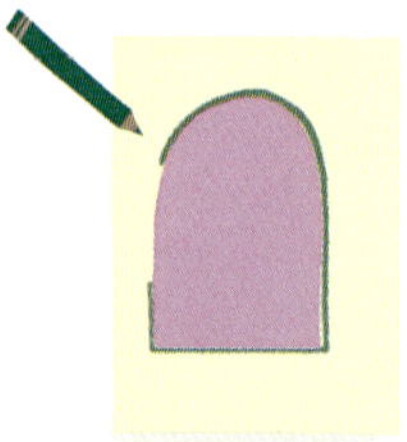

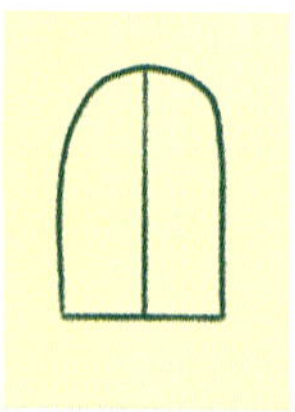

Zeichne eine Linie in die Mitte …

… und schmale Rechtecke zum Aufkleben an die Seiten.

Klebe das Fenster auf die Schachtel.

Schneide die Fensterläden aus und klebe sie mit dem Rechteck jeweils rechts und links an das Fenster.

Befestige eine Papprolle mit Klebeband als **RUNDTURM** seitlich an einer Schachtel. Dann klebe ein kegelförmiges Dach darauf.

Schneide Quadrate am oberen Rand aus, damit es wie eine Burgmauer mit **ZINNEN** aussieht.

Klebe sehr dünne Papierstreifen innen an die Türöffnung.

TREPPEN

Schneide drei verschieden breite Rechtecke aus Wellpappe aus.

Klebe sie der Größe nach aufeinander.

BALKONE

Zeichne drei Quadrate oder Rechtecke nebeneinander auf dünne Pappe.

Zeichne ein schmales Rechteck an jeder Seite dazu.

Schneide diese Form aus.

Falte entlang der Linien und klebe die schmalen Rechtecke an die Schachtel.

KREUZ-UND-QUER-MUSTER

Wenn du viele kleine Löcher in Pappformen stichst und Faden oder Schnur hindurchziehst, erhältst du interessante Muster. Probiere es aus!

1 Schneide ein Rechteck, ein Quadrat, ein Dreieck, einen Halbkreis oder eine beliebige Form aus Pappe aus. Je größer, desto besser!

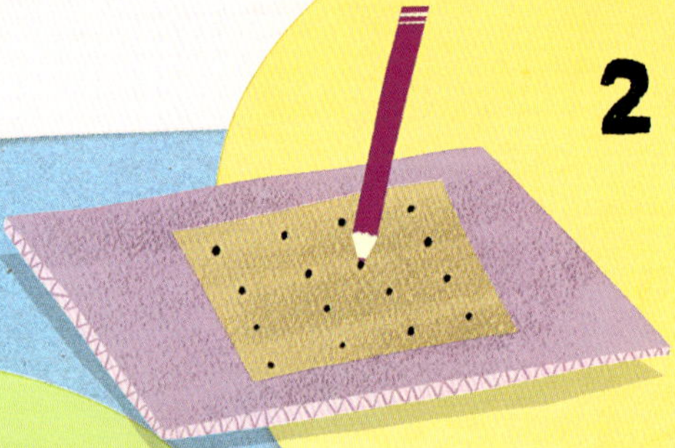

2 Stich mit einem spitzen Bleistift eine gerade Anzahl Löcher in die Form. Lege ein dickes Stück Pappe darunter, um den Tisch zu schützen.

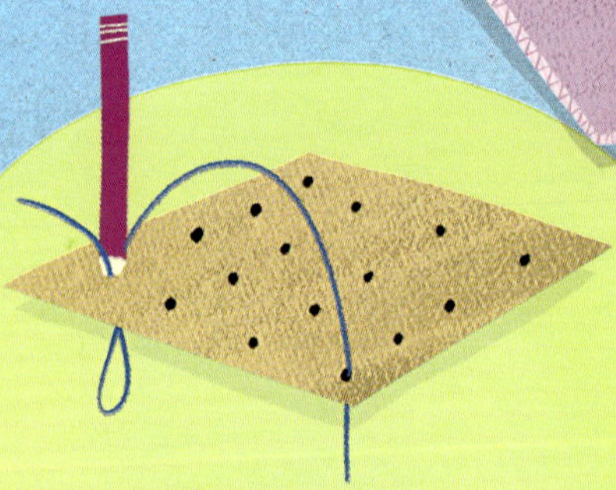

3 Nimm den Bleistift, um die Enden eines Fadens oder einer Schnur durch zwei Löcher zu schieben.

4 Ziehe auf der anderen Seite der Pappe beide Enden zusammen und verknote sie.

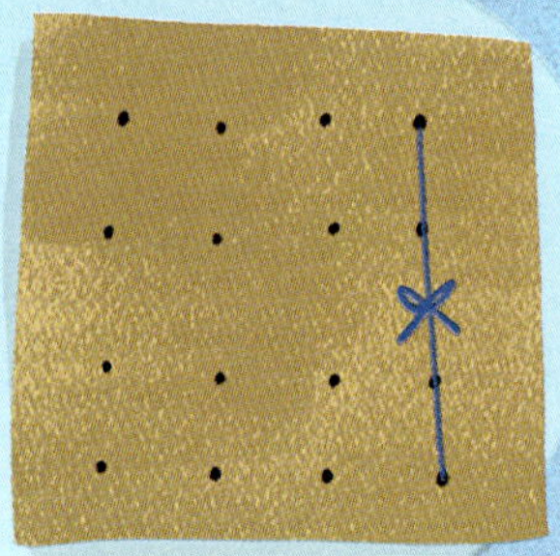

5 Wiederhole Schritt 3 und Schritt 4, bis du jedes Loch mit einem anderen verbunden hast.

Überlege, welche Löcher du verbinden möchtest, damit ein interessantes Muster wie dieses hier entsteht.

Du kannst die Pappe anmalen und trocknen lassen, bevor du mit Schritt 2 weitermachst.

SUPER ZIELE

Bastle aus großen Schachteln, Pappbechern, Schnur und Papprollen spannende Ziele, mit denen du Zielwerfen üben kannst. Wenn du mit Freunden spielst, legt fest, wo ihr beim Werfen stehen oder knien müsst.

SCHUSS VON OBEN

1 Schneide alle Bodenklappen einer Schachtel ab. Zeichne einen Kreis über die zwei großen oberen Klappen.

2 Schneide den Halbkreis an jeder Klappe aus.

3 Befestige die Klappen mit Klebeband aneinander.

Wirf nun kleine Bälle hier hinein.

BOGEN

Schneide Bögen in verschiedenen Formen und Größen aus.

Schnippe so viele Münzen wie möglich durch jeden Bogen.

Klebe lange Streifen Kreppband auf den Boden, um anzuzeigen, in welchem Bereich die Münzen bleiben müssen.

Wenn du alle Bälle und Münzen geworfen hast, hebe die Schachtel hoch, um sie wieder einzusammeln.

BALANCIERENDE BÄLLE

Befestige verschieden hohe Papprollen mit Klebeband auf einer Schachtel.

Lege einen leichten Ball auf die Rollen. Versuche, ihn mit einem anderen Ball zu treffen.

Wenn du keine Bälle hast, zerknülle Papier und spiele damit.

Schreibe Zahlen auf deine Ziele, um anzuzeigen, wie viele Punkte sie wert sind.

HÄNGENDER BECHER

Rechts siehst du, wie du den hängenden Becher bastelst. Ziehe die Schnur durch einen Schlitz, den du in die Schachtel geschnitten hast.

Wenn dein Ball die Zielscheibe trifft, schwingt der Becher.

1 Stich mit einem spitzen Bleistift ein Loch in den Becherboden.

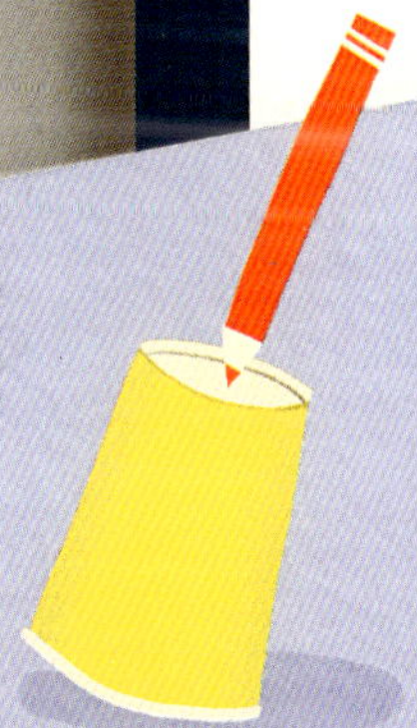

2 Fädle ein Stück Schnur hindurch und mache auf der anderen Seite einen dicken Knoten.

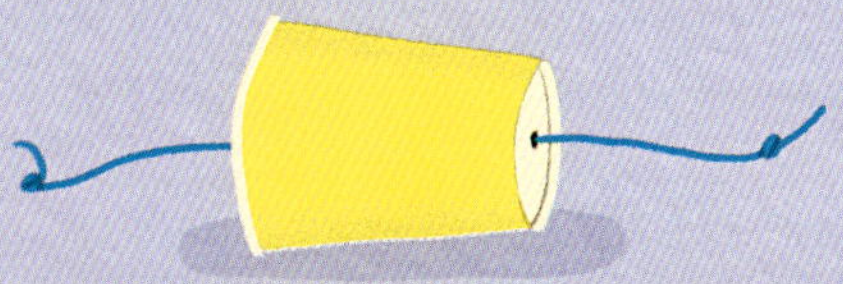

3 Klebe Papierkreise als Zielscheibe auf den Becher, bevor du ihn aufhängst.

KONSTRUKTIONEN AUS PAPPE

Ingenieure bauen Modelle, um mögliche Lösungen für verschiedene Probleme zu testen. Du kannst das Gleiche auch mit Pappresten machen.

STABILE BRÜCKEN BAUEN

1 Lege einen langen, breiten Steifen aus dünner Pappe über zwei gleich hohe Bücherstapel.

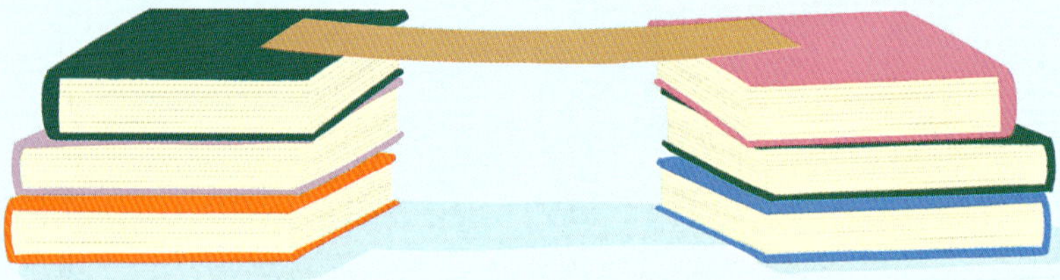

2 Stelle verschiedene Dosen und Schachteln darauf. Je schwerer sie sind, desto mehr **BIEGT** sich die Brücke.

3 Falte nun die lange Seite der Pappe daumenbreit um.

4 Wende die Pappe und falte diesen ersten Falz wieder daumenbreit um.

5 Wende die Pappe und falte sie auf diese Weise weiter. Kann sie jetzt eine schwere Dose tragen?

ERKLÄRUNG

Die Falze verteilen das Gewicht der Dose besser, sodass die Brücke mehr tragen kann.

RAMPEN

Untersuche, wie Rampen dabei helfen, Dinge problemlos über unebene Oberflächen zu transportieren.

Befestige zunächst ein langes Stück Schnur an einem schweren Mäppchen.

Ziehe das Mäppchen an der Schnur über die Stuhllehne.

Nimm jetzt ein langes Stück Pappe oder klebe zwei Stücke zusammen. Lehne sie als Rampe an den Stuhl. Ist es einfacher, das Mäppchen über die Rampe zu ziehen?

Beobachte dann, wie schnell eine Rolle Klebeband die Rampe hinunterrollt. Stelle die Rolle aufrecht hin und lass sie los ...

DAS GEHEIMNIS DES
RUNDBOGENS

Die Baumeister im alten Rom wussten, dass die Steinblöcke eines Rundbogens zusammenhalten, indem sie gegeneinanderdrücken. Hier erfährst du, wie das geht!

VORLAGE

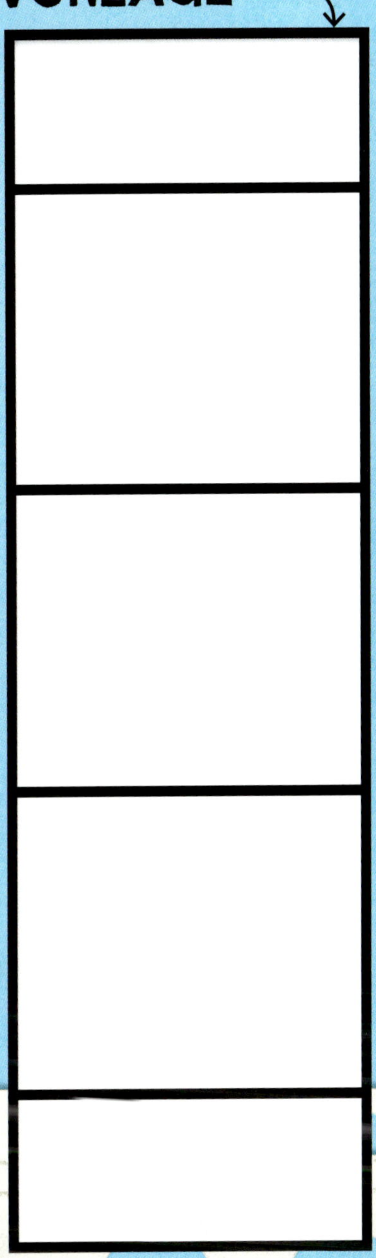

1 Lege ein Stück Pauspapier auf die Vorlage hier auf der rechten Seite. Zeichne dann mit Lineal und Bleistift alle schwarzen Linien nach. Drehe das Papier um. Lege es auf dünne Wellpappe und zeichne die Linien nach.

2 Schneide das ganze Rechteck aus. Zeichne entlang der Linien und drücke dabei fest mit dem Bleistift auf. So lässt sich der Karton leichter falten.

3 Falte entlang der Linien und klebe die kurzen Enden zusammen, um eine Keilform zu erhalten. Bastle dann sechs weitere.

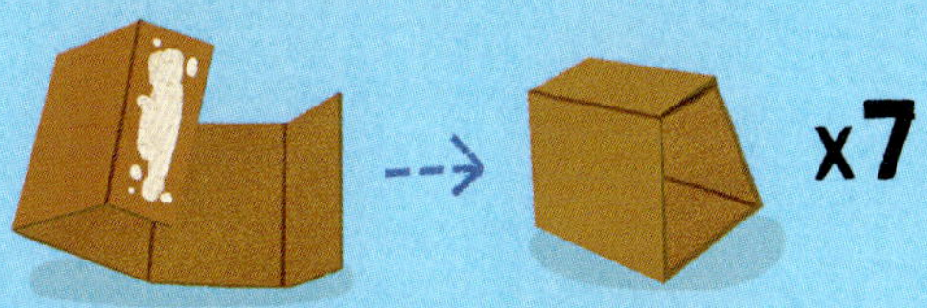

4 Ordne die Teile wie im Bild unten an. Bitte jemanden, dir dabei zu helfen. Du brauchst keinen Klebstoff, lege aber einige Münzen auf die unteren Keilformen, um sie zu beschweren.

GARTEN IM KARTON

Nutze die Ideen auf diesen Seiten und deine Fantasie, um einen Garten zu gestalten, der in einen großen, flachen Karton passt.

1 Wenn dein Karton Klappen hat, schneide sie zuerst ab.

2 Fülle dann den Karton zur Hälfte mit Sand, Kies oder trockener Erde.

3 Stecke Dinge in den „Gartenboden“ oder stelle sie darauf.

Schreibe deine Ideen auf und skizziere sie, damit du deinen Garten besser planen kannst.

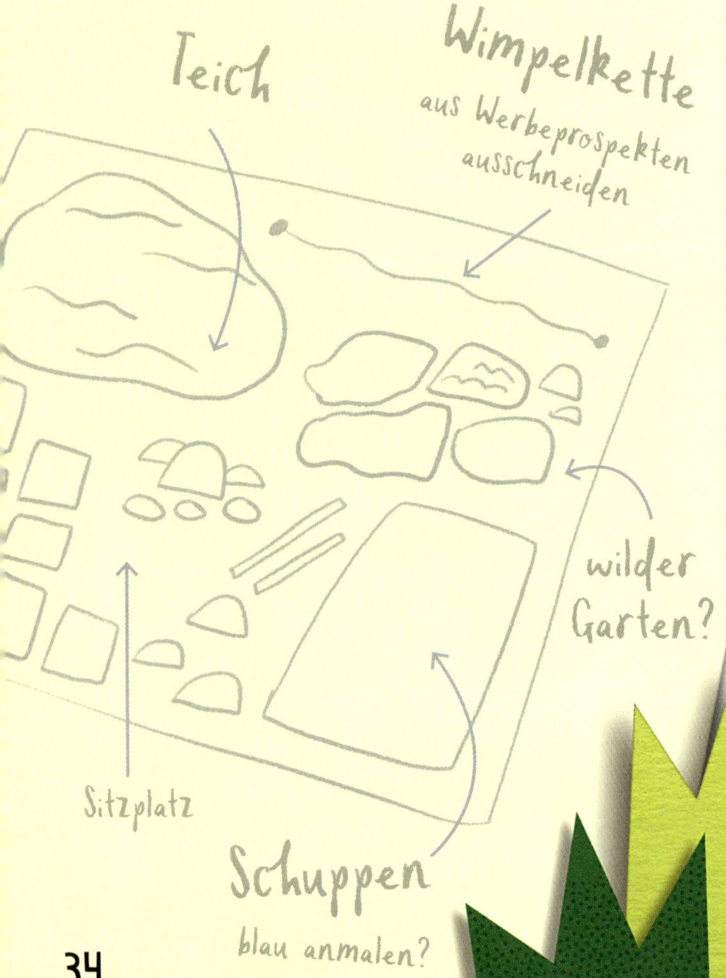

TERRASSE

Schneide kleine Quadrate oder Rechtecke aus Pappresten.

PFLANZEN

Schneide Formen wie diese aus dünner Pappe aus. Klebe sie als Büsche an die Innenseite des Kartons.

Zeichne Linien auf die Außenseiten des Kartons, damit sie wie eine Backsteinmauer aussehen.

WIMPELKETTE

Stecke zwei Bleistifte in den „Gartenboden“ und binde einen Faden dazwischen.

Schneide kleine Dreiecke aus bunten Werbeprospekten aus und klebe sie aneinander, sodass der Faden dazwischen liegt.

WASSER

Als Teich oder Schwimmbad kannst du kleine Aluschalen mit Wasser füllen.

Streue Bleistiftspäne als Rinde über den Boden. Schichte Pappstreifen auf. Das sind Holzscheite, zwischen denen sich Insekten verstecken.

Mit ein paar Kieselsteinen kannst du einen Steingarten gestalten.

SCHUPPEN

1 Öffne die oberen Klappen einer kleinen Schachtel und schneide sie ab.

Schneide entlang der roten Linien nach unten und zur Seite.

Falte die Pappe nach vorn. Nun hast du eine Tür.

2 Drehe die Schachtel um.

Als Dach falte einen Papierstreifen in der Mitte. Klebe ihn wie im Bild an die Schachtel.

Klebe Formen als Türscharniere und Fenster auf.

DIE ERSTAUNLICHE MALMASCHINE

Mit dem Deckel einer Schuhschachtel, ein paar Murmeln und flüssiger Farbe kannst du verblüffende Bilder gestalten.

1 Klebe ein Blatt Papier mit Kreppband in den Deckel. Lege eine Murmel darauf.

2 Gib ein bisschen Farbe auf das Blatt Papier.

3 Halte den Deckel mit beiden Händen und neige ihn nach vorn und hinten und seitwärts. Sieh der Murmel zu, wie sie durch die Farbe über das Blatt rollt.

4 Wenn du mit deinem Bild zufrieden bist, ziehe das Kreppband ab und lege das Bild zum Trocknen ab.

Wie langsam kannst du die Murmel rollen lassen?

5 Wische den Deckel und die Murmel mit Küchenpapier ab, bevor du das nächste Bild beginnst. Auf der gegenüberliegenden Seite findest du Ideen, die du ausprobieren kannst.

Wie werden die Bilder mit
MEHREREN FARBEN ...

... **ODER WENIG FARBE?**

Probiere
WEISSE FARBE
auf schwarzem Papier.

Wie sehen deine Bilder aus, wenn du im 1. Schritt zwei, drei oder vier Murmeln in den Deckel legst?

Damit die Spuren nicht das gesamte Blatt bedecken, klebe Kreppband auf das Papier, bevor du die Farbe darauf träufelst.

Wenn die Farbe trocken ist, kannst du das Kreppband ganz vorsichtig abziehen.

Wie gefällt dir der Streifeneffekt?

Für eine extra Überraschung
SCHLIESSE DEINE AUGEN,
während du den Deckel bewegst.

Wenn du mit deinen Bildern fertig bist, wasche die Murmel in Seifenwasser.

GESTAPELTE PYRAMIDEN

Bastle eine große Pyramide wie unten abgebildet aus vier gleichen Pyramiden. Du kannst in den Fächern verschiedene Kleinigkeiten aufbewahren.

1 Zeichne ein Quadrat auf ein großes Stück dicke Pappe.

Jede Seite muss 20 cm lang sein.

2 Schneide das Quadrat aus. Zeichne zwei weitere Quadrate und schneide sie aus.

3 Lege die drei Quadrate nebeneinander. Verbinde sie mit Klebeband.

Bringe auch auf der Rückseite Klebeband an.

4 Klebe einen Streifen Klebeband an den linken Rand, sodass er etwas übersteht. **KNICKE** die äußeren Quadrate nach oben und verbinde sie mit dem Klebeband.

5 Befestige noch einen Streifen Klebeband auf der Außenseite.

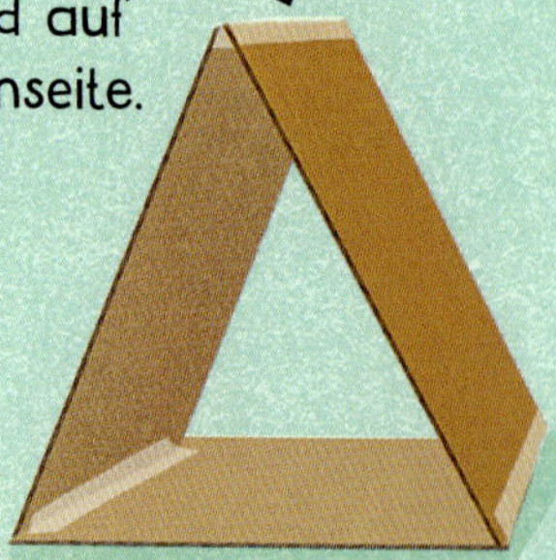

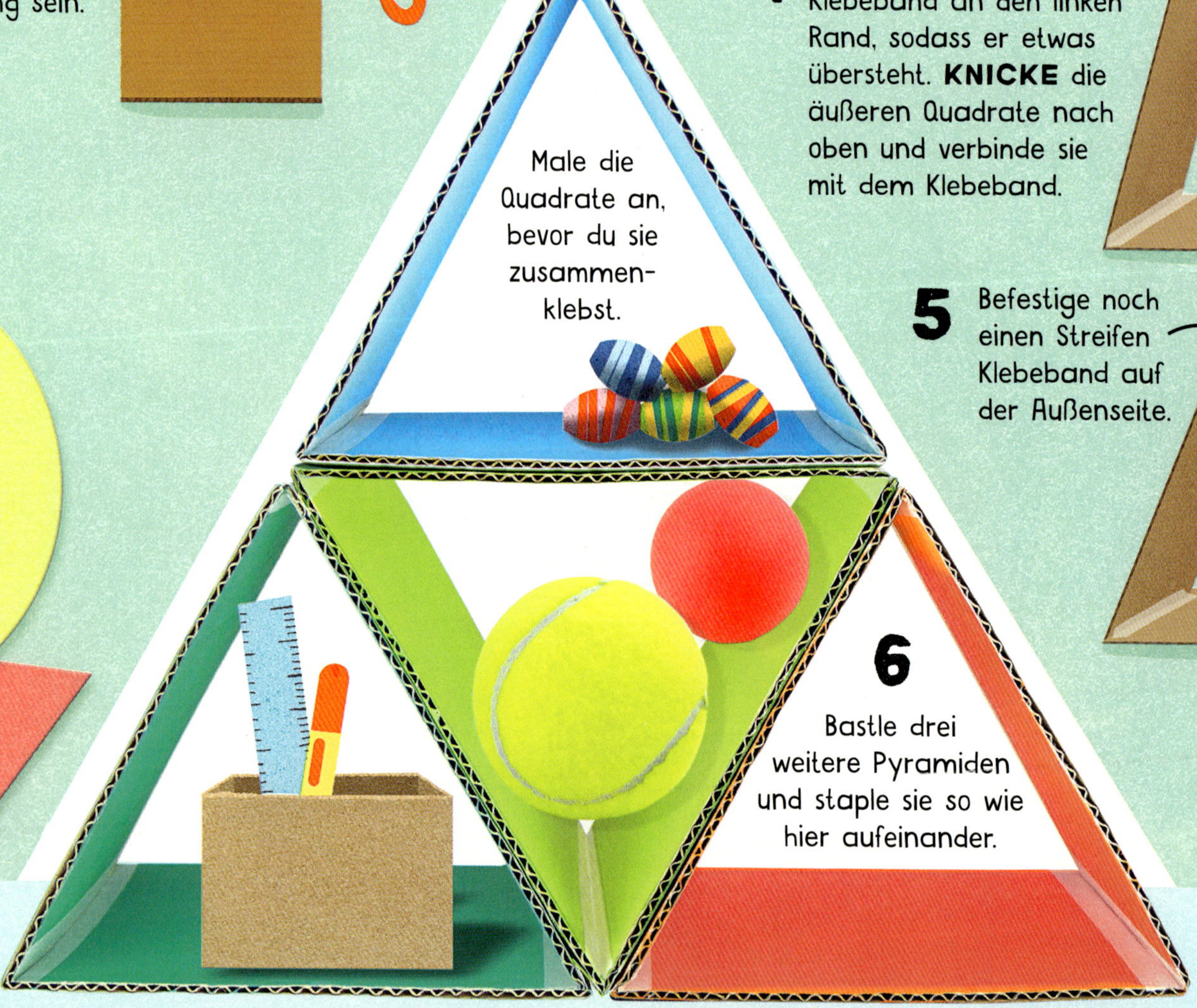

Male die Quadrate an, bevor du sie zusammenklebst.

6 Bastle drei weitere Pyramiden und staple sie so wie hier aufeinander.

KLEINE SCHACHTEL-ROBOTER

Wende die Innenseite von kleinen Schachteln nach außen, um das Aufgedruckte zu verbergen. Dann bastle daraus kleine Roboter.

1 Öffne alle Klappen. Suche die Stelle, an der die Längsseiten zusammengefügt sind, und trenne sie vorsichtig auseinander.

2 Drücke die Pappe flach. Knicke jedes Teil in die entgegengesetzte Richtung.

3 Falte die Schachtel mit der unbedruckten Seite nach außen wieder zusammen.

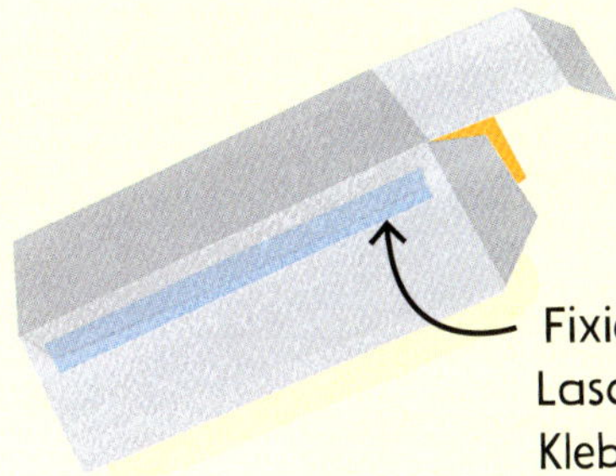

4 Schneide Formen aus Papier aus und klebe sie auf deinen Roboter. Zeichne weitere Details mit Filzstift.

SPRECHBLASEN
AUS PAPPE

Knipse lustige Fotos und Selfies mit riesigen Sprechblasen wie diesen hier. Halte sie einfach neben dein Gesicht und fotografiere dich.

1 Klebe weißes Papier auf ein großes Stück Pappe oder male die Pappe weiß an. Lass sie trocknen.

2 Skizziere mit Bleistift eine Sprechblase und zeichne sie dann mit einem dicken schwarzen Stift nach.

3 Schneide die Sprechblase aus. Schreibe einen Spruch mit schwarzem Filzstift hinein.

Du kannst auch einen bunten Rand malen ...

... oder deine Sprechblase ohne Rand ausschneiden.

FANTASIE-KARTE

Klappe den größten Karton, den du finden kannst, zu einem sehr langen, flachen Stück Pappe auseinander. Entwirf eine Landkarte mit einer Fantasiewelt und beschrifte sie.

Du könntest eine längst vergessene Welt zeichnen ...

... einen unerforschten Regenwald ...

... eine Stadt der Zukunft ...

... oder eine ungewöhnliche Fabrik.

Zeichne so lange, bis auf dem Karton kein Platz mehr ist.

GROSSE KÄFER

Schneide Formen aus Pappe aus und klebe sie in mehreren Lagen aufeinander, um 3-D-Bilder von riesigen Käfern zu kreieren.

1 Übertrage eine dieser Körperformen vergrößert auf Karton.

2 Schneide die Form aus. Klebe sie mitten auf ein buntes Blatt Papier.

3 Zeichne Formen für Beine, Fühler, Flügel, Augen und Markierungen auf Pappe – lass dich von den Ideen auf diesen Seiten inspirieren.

4 Schneide alle Körperteile aus und klebe sie auf dein Bild.

Es ist einfacher, die Pappteile bunt anzumalen, bevor du sie aufklebst.

Vielleicht hat dein Käfer **FURCHTERREGENDE ZANGEN?**

Zerknülle kleine Stücke Alufolie für glänzende Augen.

Klebe Zeitungspapier auf Pappe und schneide Flügelformen aus.

Dieses Insekt kann **STECHEN**.

Zeichne oder male meinen Kopf, zwei Fühler und sechs Beine direkt auf das Blatt.

Klebe **PUNKTE** auf **PUNKTE**, um diesen Effekt zu erzeugen.

Reiße Wellpappe auseinander, sodass man das gewellte Innere sehen kann.

BLUMEN-MOBILE

Die Blätter und Blumen dieses Mobiles sind aus alten Eierschachteln gebastelt. Bevor du sie auffädelst, kannst du einige Teile bunt anmalen.

1 Zeichne ein herzförmiges Blatt innen auf den Deckel einer Eierschachtel und schneide es aus.

Mache mit einem Locher oder Bleistift ein Loch am oberen Rand. Schneide vier weitere Blätter aus.

2 Verwandle die kegelförmigen Teile der Eierschachtel in fünf Blumen.

Stich ein Loch in die Spitze eines Kegels.

Schneide den Kegel vorsichtig aus und schneide Fransen.

3 Mache an jedem Ende von drei langen Schnüren einen Knoten. Fädle Blumen und Blätter wie in Bild 4 auf.

Mache nach jeder Blume und jedem Blatt, die du aufgefädelt hast, einen weiteren Knoten.

4 Knote ein Stück Schnur an beiden Enden eines dicken Pappstreifens fest.

Dann hänge die Schnüre mit den Blumen und Blättern daran auf.

SONNENSYSTEM AUS PAPPE

Anhand der Schritte auf den nächsten vier Seiten kannst du aus einer großen Müslipackung ein 3-D-Modell der Sonne und ihrer acht Planeten basteln. Es ist ein umfangreiches Projekt – lass dir dafür Zeit.

BEREITE DIE SCHACHTEL VOR.

1 Schneide die Vorderseite der Packung ab (hebe sie für später auf). Klebe diese Klappen zusammen.

2 Male die Packung schwarz an. Um Sterne ins Innere zu spritzen, tauche einen Pinsel in weiße Farbe und streiche über die Borsten. Lass die Farbe trocknen.

FÜGE DIE SONNE HINZU.

1 Zeichne einen Viertelkreis auf das Stück Pappe, das du aufgehoben hast. Lege eine Schüssel über eine Ecke und zeichne am Rand entlang.

2 Schneide den Viertelkreis aus.

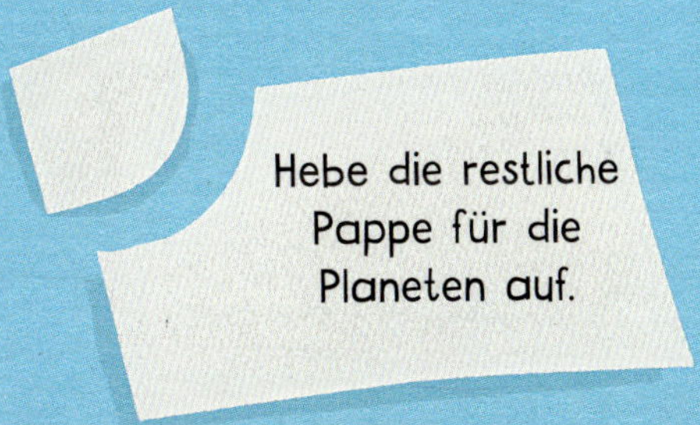

3 Male beide Seiten orange an. Wenn sie trocken sind, klebe zwei lange dunkle Fäden auf die Rückseite.

4 Halte die Sonne an die obere linke Ecke der Packung. Markiere mit Bleistift auf der Außenseite, wo die Fäden verlaufen sollen.

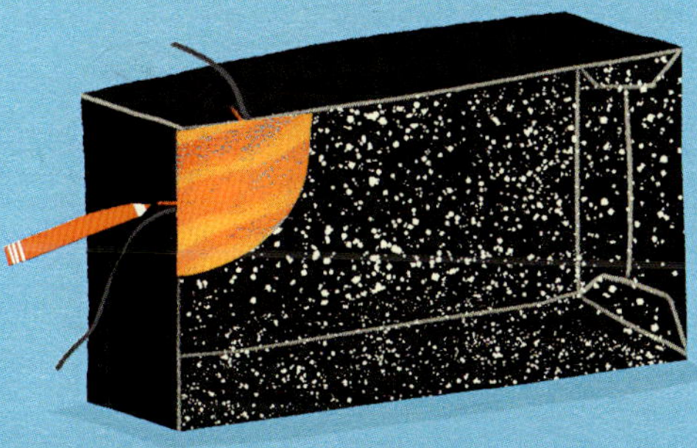

5 Schneide an beiden Markierungen in den Karton, bis du 3 cm von der Rückseite entfernt bist.

6 Führe die Fäden durch die Schlitze und ziehe sie fest, um die Sonne zu fixieren.

BLÄTTERE UM ...

BASTLE DIE PLANETEN.

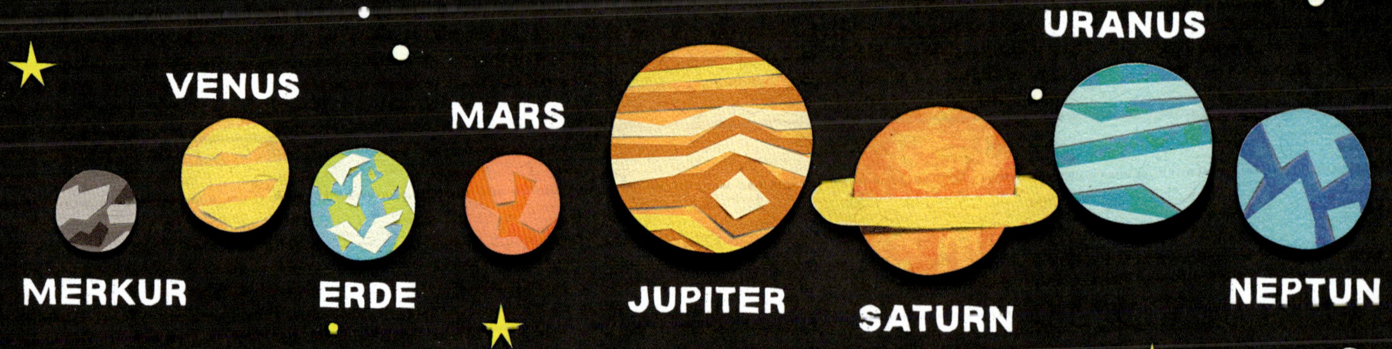

BEGINNE MIT DEM MERKUR ...

1 Lege den Deckel eines Klebestifts auf ein Blatt Papier und zeichne rundherum. Schneide den Kreis aus.

2 Falte den Kreis in der Mitte und dann noch einmal. Öffne ihn.

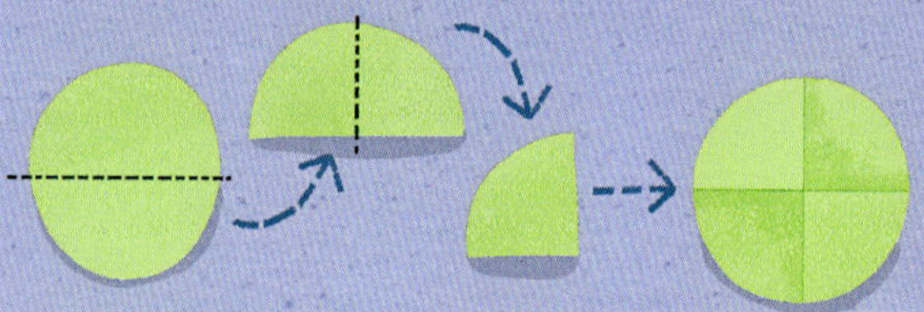

3 Benutze diese Vorlage und zeichne den Kreis **ZWEIMAL** auf die Pappe, die du für die Sonne verwendet hast. Markiere die Faltlinien mit Punkten.

4 Schneide beide Kreise aus. Schneide jeden Kreis entlang **EINER** der Linien bis zur Mitte ein.

5 Male die Kreise so an, dass sie wie der Merkur oben auf dieser Seite aussehen. Wenn eine Seite trocken ist, male die andere an.

6 Stecke die Kreise wie hier abgebildet zusammen.

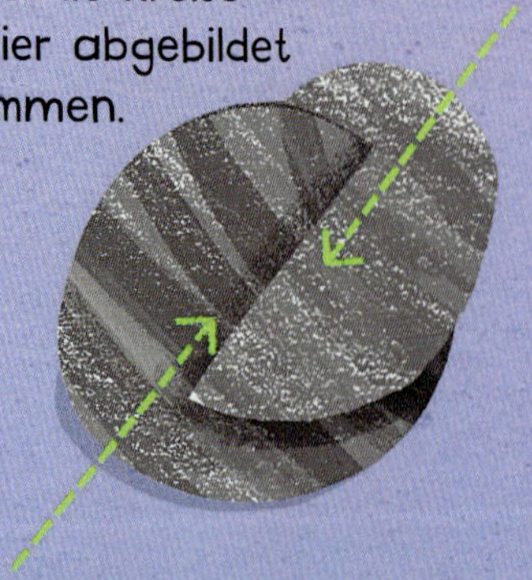

7 Bastle alle anderen Planeten (außer den Saturn) auf die gleiche Weise, **ABER** benutze für Schritt 1 verschieden große Deckel, Tassen, Papp- oder Klebebandrollen, um größere Papierkreise für größere Planeten zu erhalten.

Benutze Pappe von anderen Verpackungen, wenn du mehr benötigst.

… UND BASTLE DEN SATURN ZULETZT.

8 Wiederhole die Schritte 1–3, aber zeichne um eine Papprolle statt um einen Klebestiftdeckel, weil der Saturn ein größerer Planet ist. Ergänze jeweils einen Halbkreis, ungefähr 0,5 cm vom Rand.

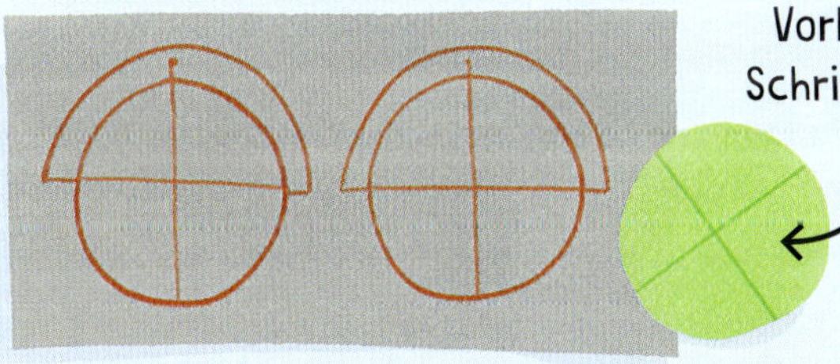

Hebe die Vorlage für Schritt 10 auf.

9 Schneide beide Formen aus und schneide sie wie hier abgebildet bis zur Mitte ein.

10 Wiederhole die Schritte 1–3, aber zeichne um eine Tasse und zeichne nur **EINEN** Kreis auf die Pappe.

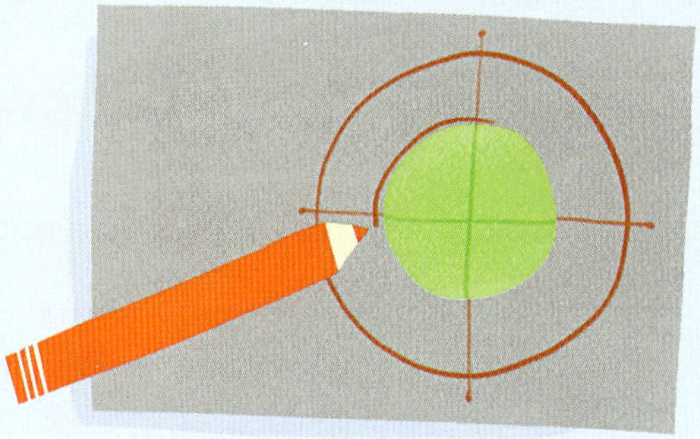

Lege die Papiervorlage von Schritt 8 in die **MITTE**, sodass die Faltlinien übereinanderliegen. Zeichne um sie herum.

11 Schneide den Kreis am äußeren Rand entlang aus und dann den inneren Kreis ebenso.

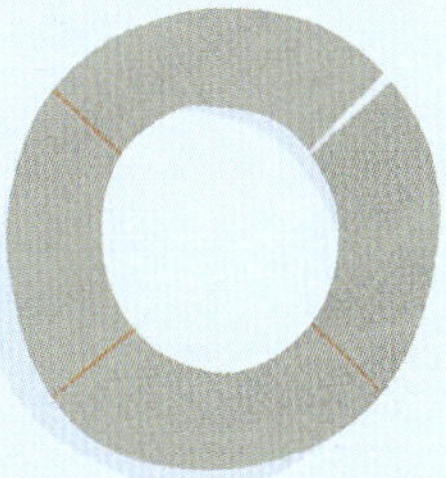

Du erhältst eine Donut-Form für die Ringe des Saturn.

12 Nachdem du alle drei Teile angemalt hast, stecke die zwei gleichen Formen zusammen. Lege die Donut-Form um sie, sodass sie auf den leicht herausragenden Rändern liegt.

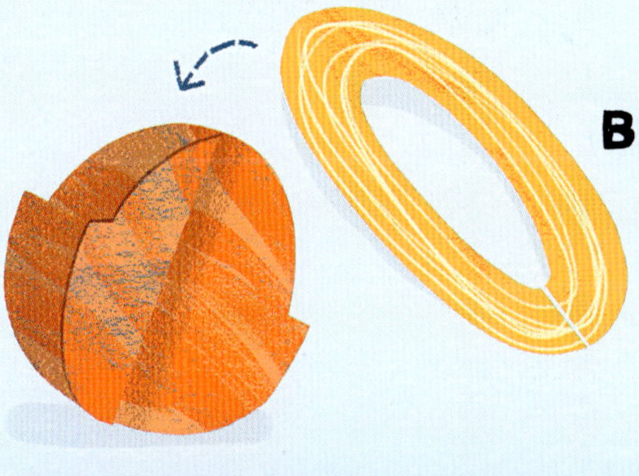

BLÄTTERE UM …

HÄNGE DIE PLANETEN IN DIE SCHACHTEL.

1 Klebe einen langen, dunklen Faden an alle Planeten.

2 Markiere auf der Schachteloberseite, wo du jeden Planeten aufhängen willst. Die Reihenfolge siehst du auf Seite 46.

3 Schneide Schlitze in die Pappe und ziehe die Fäden hindurch.

Du kannst die Fäden hinter der Schachtel verstecken.

Ziehe die Planeten nach oben oder lasse sie tiefer hängen, damit sie sich nicht berühren.

Übersetzung aus dem Englischen und Satz der deutschen Ausgabe: Andrea Reinacher
Redaktion der deutschen Ausgabe: Ulrike Schuldes

1. Auflage 2024 © 2024 für die deutsche Ausgabe: Usborne Publishing Limited, 83-85 Saffron Hill, London EC1N 8RT, Großbritannien. Deutsche Niederlassung: Usborne Verlag GmbH, Prüfeninger Str. 20, 93049 Regensburg, Deutschland. Titel der Originalausgabe: What can I do with a cardboard box? © 2023 Usborne Publishing Limited, London. Der Name Usborne und das Ballon-Logo sind eingetragene Markenzeichen von Usborne Publishing Limited. Alle Rechte vorbehalten.